Primul Dicționar cu Imagini
Animale

Porc

Iepure

Fluture

Vulpe

Ilustrat de Anna Ivanir

www.kidkiddos.com
Copyright ©2024 by KidKiddos Books Ltd.
support@kidkiddos.com

All rights reserved. No part of this book may be reproduced in any form or by any electronic or mechanical means, including information storage and retrieval systems, without written permission from the publisher, except in the case of a reviewer, who may quote brief passages embodied in critical articles or in a review.
First edition, 2025

Library and Archives Canada Cataloguing in Publication
First Picture Dictionary - Animals (Romanian edition)
ISBN: 978-1-83416-732-9 paperback
ISBN: 978-1-83416-733-6 hardcover
ISBN: 978-1-83416-731-2 eBook

Animale Sălbatice

Hipopotam

Panda

Vulpe

Cerb

Rinocer

Elan

Lup

♦Un elan este un înotător excelent și poate să se scufunde pentru a mânca plante!

Veveriță

Koala

♦O veveriță ascunde nuci pentru iarnă, dar uneori uită unde le-a pus!

Gorilă

Animale de Companie

Canar

✦ O broască poate respira atât prin piele, cât și prin plămâni!

Porcușor de Guineea

Broască

Hamster

Peștișor auriu

Câine

✦ Unii papagali pot imita cuvinte și chiar râd ca un om!

Papagal

Pisică

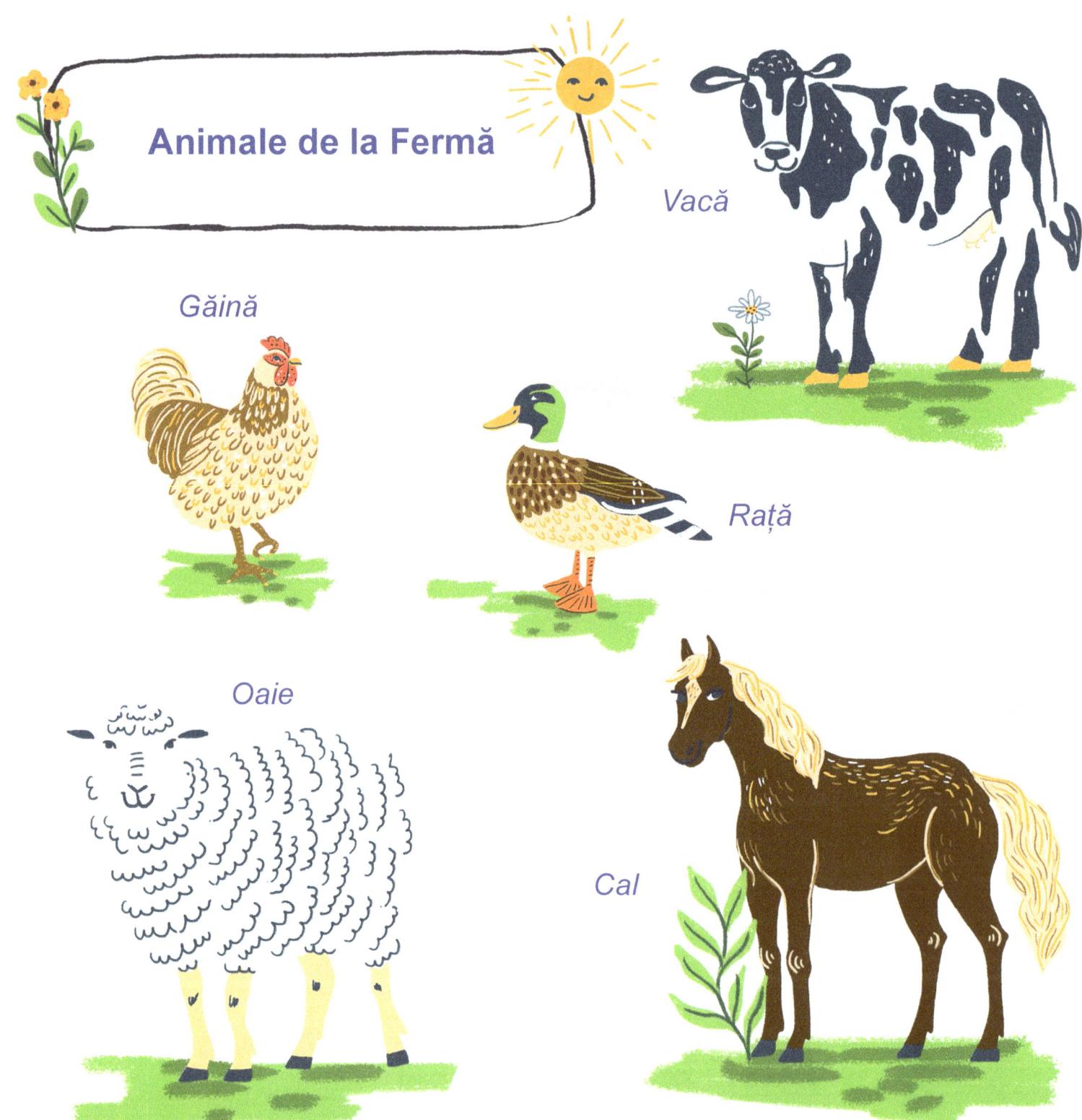

Animale Liniștite

Broască țestoasă

Buburuză

♦ O broască țestoasă poate trăi atât pe uscat, cât și în apă.

Pește

Șopârlă

Bufniță

Liliac

✦ O bufniță vânează noaptea și își folosește auzul pentru a găsi hrană!

✦ Un licurici luminează noaptea pentru a găsi alți licurici.

Raton

Tarantulă

Animale Colorate

Un flamingo este roz

O bufniță este maro

O lebădă este albă

O caracatiță este violet

O broască este verde

◆ O broască este verde, așa că se poate ascunde printre frunze.

Animale și Puii Lor

Vacă și Vițel

Pisică și Pisoi

◆ *Un pui vorbește cu mama lui chiar înainte să iasă din ou.*

Găină și Pui

Câine și Cățeluș

Fluture și Omidă

Oaie și Miel

Cal și Mânz

Porc și Purcel

Capră și Ied

www.ingramcontent.com/pod-product-compliance
Lightning Source LLC
LaVergne TN
LVHW072102060526
838200LV00061B/4793